Jan Oechsner

43 Stücke Lyrik

Bibliografische Information Deutsche Nationalbibliothek:
Die Deutsche Nationalbibliothek verzeichnet diese
Publikation in der Deutschen Nationalbibliografie;
detaillierte bibliografische Daten sind im Internet über
dnb.dnb.de abrufbar.

1. Auflage
© 2020 Jan Oechsner
© Gedicht 22: Julian Bo Hohenausen/Jan Oechsner
Lektorat: Freie Lektoren Obst & Ohlerich
Layout/Satz: Jan Oechsner/Jasmin Vorberg
Umschlaggestaltung: Jan Oechsner/Jasmin Vorberg
Foto Umschlag: iStock.com/borchee
Herstellung/Verlag: BoD – Books on Demand, Norderstedt
ISBN 9783751907637

www.janoechsner.de

Der Autor

.

Die erste Gedichtsammlung von Jan Oechsner.
Voller Besinnung, Beobachtung, mit einer eigenen
Logik und dem Gefühl für Absurdes, Schönes,
Trauriges. Ein Band - ungeordnet, ungezwungen,
unverfälscht - der so auch den ganzen Autor zeigt.

Jan Oechsner ist Jahrgang 1968, lebt im Erzgebirge.
Er arbeitete einst als Seemann, ist nun neben seiner
Freude für Lyrik auch Journalist, Vater, Filmemacher.

Mein spezieller Dank gilt dem von mir sehr
geschätzten Dr. Dr. Volkmar Hellfritzsch für
seine hilfreiche Kritik an meinen Gedichten.

01　　　　　　　　　　　Ohne Klang die Nacht

Gedachtes steckt mir tief im Herz,
unter Brücken schwamm er fort, der März.
Der Asphalt
liegt kalt.

Die Nacht ist scheuer Abgesang
und Notausgang
des Abends.

In Laternen hängen Falterwesen,
Kneipen zu und saubere Tresen.
Straßen stehn wie Fotos da.

Und einer,
den ich gar nicht kennen kann,
schaltet später
in der Früh
alle Ampeln wieder an.

immerhin auch irgendwie Sport

.

sie geht und geht
geht über Leichen
ohne Warnblinkzeichen
doch immerhin
sie geht

er schwimmt und schwimmt
gern mit dem Strom
auf seiner Yacht voll Chrom
doch immerhin
er schwimmt

sie rennt und rennt
rennt gegen Wände
behände ohne Ende
doch immerhin
sie rennt

er fliegt und fliegt
wie Ikarus
und stürzt dann so als Luftikus
doch immerhin
er fliegt

Blaues, Sonne nach den grauen Tagen:
Wenig Wolken und die Frauen
wagen
weiß und knapp
zu tragen.

Junge Männer auf den Wiesen
liegen da.
Wollen küssen, schnell genießen.

Blicke fliegen - fliegen viel,
zum Schein mit ohne Ziel.

Es lebt ein Warten in den Zweigen
auf ein Gehörtes,
das wohl nie gesagt.
Die Uhren haben keinen Takt und nichts zum Zeigen.
Nur ein Blatt schwebt ab.
Es hatte sich gewagt.

Los der Generationen

Der Stuhl liegt hingeworfen in der Ecke,
wie ein Kauernder mit Gicht.
Drei weitere Ecken, alle schweigen
in dem Schuppen ohne Licht.

Der Stuhl hat immer viel ertragen:
breite Rücken, fette Hintern.
Fast wär er verfeuert worden,
früher, in den Weltkriegswintern.

Der Stuhl könnt sicher noch gut halten,
sei die sitzende Person auch schwer.
Er will es auch, wenn er nur dürfte.
Er darf jedoch nicht mehr.

Der Stuhl kauert in der kalten Ecke.
Ein Käfer ahnt es einfach nicht:
Der sucht nur eine Mitte,
draußen keine Schritte,
vor dem Schuppen ohne Licht.

Das Universum biegt die Nacht
über Dächern
hängt das Unbewölkte
als Kuppel
hängt das All.

Das All glimmt ohne Klang
über Pfaden
schwebt der Sternensand
als Frieden
schwebt die Zeit.

Die Zeit bleibt ohne Stunden
über mir
liegt hoch Unendlichkeit
als Rand
liegt tief der Wald.

Ich bin raus

Ich habe jetzt ein künstliches Knie.
Daher ist Sterben keine Option zurzeit.
Ich bin der Egoist.

Ich lebe als ein Heckenrecke
in einem kleinen Garten.
Jedes Wöchelchen.

Ich habe ein dunkles Wortmuseum.
Darin liegt das alte Knie
und der ganze Lärm.

Es reicht zu leben, wo niemand lebt.
Ich bin der Unberühmte.
Ich bin raus.

Wieder
knöpfe ich was auf
und später dann dein Mieder.

Wir sinken in den Flieder,
in die Gräser,
völlig nieder.

Wieder
fühlen deine Augenlider
Sonnenduft.

Im Gras
liegt jetzt dein Mieder.

Ein Spatz und sein Gefieder
putzen füreinander.
Immer wieder,
immer wieder.

09 Der Tod des Vaters

Mein Junge,
sieh mir ins Gesicht:
Du bangst?
Bange nicht.

Pflanze eine junge Linde,
gleich im nächsten März.
Reite einen Schimmel,
reite ihn mit Herz.

An manchen Sonntagsstunden
werden wir wie Buben denken,
lümmeln,
liegen.

Du wirst dann Aliens schenken.
Ich will Wolken wiegen.

Sieh in mein Gesicht:
Du bangst?
Bange nicht.

Das, was in uns liebt
und nur in uns,
es wäre nur noch das Geringste.
So wie jemand etwas lügt.

Das, was in uns fliegt,
fliegt ja nicht
und ist als Sieg vertan
ohne einen Himmelsblick.

Wie verborgenes Glück,
das in uns ist
und nur in uns.
Es wäre das Geringste.

Das, was in uns lebt,
und immer nur in uns,
es wäre also nichts.
Es wäre nur das Schlimmste.

11 Von der Besinnung (2)

Im Meer liegt eine Ferne,
in ihr lebt ein Blau und Grün.
Was ich fühle oder kennenlerne,
es muss fliegen,
weiterziehn.

Der nackte Knirps, mit Hut und ohne Schuhe,
buddelt nassen Sand –
noch hält ihn eine Ruhe,
hier und heute und am Strand.

Sei nun zahm.
Sei nun eine Katze.
Meine.
Eine ganze Kleine.
Sei ohne Instinkt
und warm.
Sei nur weich
zum Kissen.
Und zu mir.
Musst doch wissen:
Mir,
deinem Streicheltier
fehlen
auch die Krallen hier.

Das Mittelmaß gewinnt

Das passt ja überhaupt nicht rein,
das ist nicht Tiefenlot-gerecht,
das muss es auch nicht sein:
Das ruckelt sich zurecht.

Das ist gepflegtes Mittelmaß,
das findet nie sein Ziel,
das gibt nie richtig Gas,
das fällt nicht weit vom Stiel.

Das beugt sich dienstbeflissen vor,
das flattert ordentlich im Wind,
das schüttet in sein Eigentor
das Bade mit dem Kind.

Das zürnt dem Besseren voller Wut,
das wird nicht gern besiegt,
das schimpft, denn neue Besen kehren gut,
wenn Mittelmaß im Kehricht liegt.

Das putscht daher im Kämmerlein,
das berät das Neue schlecht:
Nichts passt zwar richtig rein,
jedoch, das muss es auch nicht sein:
Das ruckelt sich zurecht.

Wenn sich Ameise und Käfer streiten,
wer wohl größer sei,
dann ist das Universum äußerst traurig,
denn es hat niemanden dafür
und überhaupt.

Im Schneesturm
drängt sich tief ein Hund.
Dann bleibt er im Gestöber plötzlich stehen.

Er riecht den Mann,
er sieht ihn kaum,
hier draußen, hinter hohen Wehen.

Ist der Mann erfroren?
Wird er weitergehen?

Der Himmel schwarz, der Schnee hat keine Schatten.
Kein Dorf, so wispert es der Mann.

Er ahnt den Hund,
er sieht ihn nicht
und flucht, so gut er kann.

Erst im grünen Juni dann
findet einer
diesen Mann.

Im Boot, da sind wir alle gleich,
wir sitzen drin und wolln nicht sinken.
Kein Strand, und alle werden bleich,
wenn Haifischflossen rüberwinken.

Im Boot, da sind wir alle gleich,
keiner gibt sich einen Namen.
Wir sind nicht klug und auch nicht reich
und wissen nicht, woher wir kamen.

Im Boot, da sind wir alle gleich,
wir flüstern nur in einem Ton.
Das schöne Meer wirkt wie ein Teich,
nur, wen kümmert das denn schon.

Im Boot, da sind wir alle gleich,
wir paddeln vorwärts und zurück.
Keine Sieben mehr auf einen Streich
und auch kein Hans im Glück.

Im Boot, da sind wir alle gleich,
wir warten ab, so ist die Regel.
Flaute ist ja auch ein Wind, nur weich.
Und Planken halten ohne Segel.

Wäre die Pier bereits ganz nah und neu
und Mole und Leuchtturm würden uns blinken,
wir blieben trotzdem an Bord und blieben uns treu,
wir könnten beim Ausstieg gar kippen und sinken.

17   Von der Besinnung (3)

Ein Stundenpuls
im See.
Auf totem Ast
geharschter Schnee.
In grau und weiß als Kruste.
Und Schilf
und Stein
in Eis.

Nur ein Erpel
putzt heimlich sich
aber ohne Nest.

Das Neue macht mir Angst.
Es ist zu neu.
Und es lohnt sich auch nicht mehr.
Das Vergangene ist zu lange her.

Ich will dich nochmal sehen.
Doch ich sehe schwer.

Wer mir heute nicht mehr schreibt,
dem schreibe ich nicht mehr.

Ich will dich nochmal sehen.
Doch ich gehe schwer.
Alle meine Reisen sind zu lange her.

Was mir heute nicht mehr bleibt,
bleibt für immer leer.

Wer mich heute nicht mehr sucht,
findet mich nicht mehr.

Am Dorf.
Der Weg.

Ich grüße große Kühe
hinterm Weidezaun.

In dieser Frühe
stehen wir
oftmals hier
und schaun ...

... einander an.

Als ob wir uns noch nie geschaut.

Zum Glück hab ich am Dorf
mir einst mein Haus gebaut.

Um Haaresbreite hätte es dieses Leben
nicht gegeben. Um Haaresbreite.

Doch damals – dein Zug rollte ohne dich
vom Bahnsteig fort.

Der Bahnofs-Kellner brachte dir einen heißen Tee.
Wir hatten erste Blicke.

Der nächste Zug rollte ohne mich
vom Bahnsteig fort.

Heute hat der Bahnhof eingeschlagene Fenster.
Beim Hinaussehen würde sich ein jeder
im Gesicht schlimm schneiden.
Das Betreten ist untersagt.

Ich schrieb dir später dann in Briefen viele Worte.
Doch du schriebst viele Worte einem anderen,
der dir, so hörte ich, gar nicht schreiben wollte.

Wir Kinder

Hier stand einst der letzte Zaun.
Krumm das Haus, im Bach die Kresse.
Weder Postfrau noch Adresse.
Opa konnte vieles baun.

Hier ging durch grüne Bäume dieser Pfad.
Herum um Hügel und im Bogen.
Alles war voll Kraft und ungelogen.
Bunt war jedes Wagenrad.

Hier hing ein Sternenkino wie im Schimmer.
Im Entengrützenweiher, bei Gewitter
lag der Schatz der reichen Ritter.
Allein wir Kinder wussten das schon immer.

Katze döst im Dreck.
Lässt sich ungern stören.
Duckt sich plötzlich weg.
Lautes ist zu hören.

Pflaumenpflücker steht auf Leiter.
Pflaumenpflücker schaut ganz dumm.
Steht da und plötzlich schreit er.
Seine Leiter, sie kippt um.

Der Pflücker fliegt mit Leiter,
wedelt viel und landet hart.
Liegt dann da und liegt noch weiter,
Pflaumenpflücker ganz erstarrt.

Katze staunt ganz keck.
Lässt sich nicht mehr stören.
Putzt die Krallen, rennt nicht weg.
Nichts Lautes mehr zu hören.

Dann geh doch,
lass mich hier.

Geh nicht
und lass dich mir.

Du bist alles,
was ich will.

Glaube mir.

Geh jetzt nicht
und lass mich dir.

Vergiss sie nie, die warmen Tage.
Frühstückshonig an den Fingern.
Bei satter Sonne eine große Sage.
Freche Hunde an den Zwingern.
Und du. Und du bei mir.

Heut ist Nachbar Albert bei den Toten.
Frühstückshonig ...

Aber sag, warn die Winter gut mit dir?
Ich träume oft vom schwarzen Boten.
Was es ist? Erklär es mir.
Also komm, der Tisch ist groß.
Und hol den Wein, den roten.

So träum ich schrecklich

Das Reh springt aus dem halbdunklen Wald
und mit Wucht mir vor meinen Wagen.
Ich seh in den Spiegel, ich seh den Asphalt:
Das Reh liegt nur da, ohne zu klagen.

Ich rase. Das Reh wird kleiner und klein,
wird dann zu einem fernen Fleck.
Ich flüchte in eine Kurve hinein
und das Geschehene ist mit ihr weg.

Die Kreuzung. Ein Hupen schreit mich hysterisch an.
Der Laster poltert wie drei,
rasch kleiner und klein wird er dann
und mit ihm sein langer Schrei.

So träum ich schrecklich in geschwitzte Kissen
von Kurven, Spiegeln im halbdunklen Wald.
Wird mich irgendwann noch jemand vermissen?
Das Reh ist weg. Nur der Asphalt.

Es ist ein Unterschied,
ob wir einen Flügel spielen - oder ihn stutzen.
Es ist ein Unterschied,
ob wir ein Schloss bauen - oder es knacken.
Es ist ein Unterschied,
ob wir den Hahn aufdrehen - oder ihn töten.
Es ist ein Unterschied,
ob wir gut oder böse sind.

Es ist ein Unterschied,
ob wir Blüten riechen - oder damit zahlen.
Es ist ein Unterschied,
ob wir Gerichte kochen - oder sie uns strafen.
Es ist ein Unterschied,
ob wir klatschen vor Freude - oder über andere.
Es ist ein Unterschied,
ob wir gut oder böse sind.

Auch wenn ein Wort oft
wie ein zweites klingt.

Ein Salatblattlöwe
Sitzenbleibermöwe
Heut ist Tierparkwahn
mit Futterkran

Und viel Streichelscheiß
Dazu Himbeereis
Hinter Gittern zittern
Stotterotter

Schnippschnappschlangen
Abstandstangen
Heut ist Tierparkwahn
Braunbärbimmelbahn

Die
schräg versetzt vor mir herlaufend Sichumblickende.
Die
daher auffällig oft leicht den Kopf Schiefhaltende.
Die
sich wohl nur eine einzige Frage Fragende.
Die
Nichtverfolgtwerdenwollende.
Die
schon fast Flüchtende

ist eine Möwe.

Wir gehen so ein Stück am Strand,
ähnlich einem Paar,
das sich ja doch gleich verlieren wird.

Ich sitze hier und ohne Kerze.
Es schlafen die Terrassen.
Ich staune ein paar Sterne an.
Jemand hat sie hängen lassen.

Fern wird etwas angebellt.
Dann hört der Kosmos auf zu reden.
Selbst die Fichten atmen nicht
und alles bewacht nun jeden.

Ein müder Wunsch legt sich zur Stille hin.
Er ist ganz klein.
Er sinkt, ich sinke auch
in leergesprochene Räume ein.

Ein fernes Flugzeug schwebt ins Schwarz.
Es interessiert sich nicht für mich.
Ein Traum fällt mir in meinen Schoß.
Er fällt.
Er fällt versehentlich.

Klagen zürnen leis
den Seinen,
lassen
einen Himmel leiden.

Der krumme Greis
will weinen,
niemals mehr
den Niesel meiden.

An kaltem Gleis
der Bach,
kein Trost
kann Nebel schneiden.

Im Windeseis
stirbt, ach,
ein fernes
Lied der Weiden.

Fliege Erna

Erna konnte beispielsweise
ganz besonders leise
wie besessen
von einem Zitronenkuchenkrümel fressen.

Auch konnte Erna beispielsweise
ihre Flugmanöverkreise
wie Kepler schön verbiegen
und exakt elliptisch fliegen.

Erna konnte beispielweise
in der Küche ihre Reise
auf unseren Köpfen oder Händen
immerzu beenden.

Sonderbarerweise
lag Erna hochbetagt und greise
am Wochenende nur noch da.

Zufall,
Bosheit,
gar Intrige
einer Freitags-Eintags-Stubenfliege?

Ich kenne diese Frauen,
die lieben Gischt, den Tang, die Wellen
und die Möwen – große, weiße und die grauen.
Ich kenne diese Frauen,
die sich ins Wetter
an die Küsten stellen.

Ich kenne diese Frauen,
die bewundern Kerle, die in Seemannshosen
Schiffe basteln - weiße und die blauen.
Ich kenne diese Frauen,
die glauben,
diese Kerle sind Matrosen.

Ich kenne diese Frauen,
die haben glatte Steine ihrer Reisen
in Badezimmern – schwarze, weiße und die grauen.
Ich kenne diese Frauen,
sie wollen nicht mehr Bärbel,
sondern alle Fenja heißen.

Konsequentes Ende

In den Horizont:

Du ein Fleck
Du ein Punkt
Du dann weg

Leere Straßen
Kalte Brisen
Leere Wiesen

Kind am Fenstergitter.
Draußen das Gewitter.
Der Sturm.
Er peitscht das Feld.

Dem Kind ist um die Halme bang.
Ein Donner rollt hinauf zum Hang.

Mutter streicht das Kindsgesicht.
„Der Sturm, er beugt die Halme.
Er bricht sie aber nicht."

Ein Blitz. Er zuckt und sticht.
Das Kind, es schluckt.
Es schweigt.

Mutter flüstert nah.
„Der Sturm ist eitel, aber klug:
Er lässt die Halme stehen,
nur so ist seine Kraft zu sehen."

Das Kind vertraut. Es schaut.

Das Feld: An vielen Stellen,
tanzen Halme nun in weichen Wellen.
Ein Wehen, Rauschen, ungehemmt.

Als ob ein wirklich Großes
mit unsichtbarer Bürste kämmt.

Die Besinnung
ist ein Zurück von sich
in einen Augenblick
hinter geschlossenen Augen.

Sie legt einen Kreis
ganz innerlich
und der Blick darauf
wird Stunden brauchen.

Nun leg ich mich
in diesen Kreis hinein
und werde Fläche
die mich trägt in mir.

Die Besinnung ist
für mich jetzt da zu sein.
Ich fresse Zeit nicht mehr.
Ich koste nur von ihr.

Keine aller Frauen erscheint dir ähnlich.
Du bist für jede viel zu schön.
In einer kleinen Ecke sitz ich nämlich
und traue mich,
dich anzusehn.

Der Klang der Landschaft, er ist deiner.
Wenn du liegst, dann legt sich auch der Wind.
Ich bin das Publikum. Ich bin nur einer.
Du bist Alles
und das Kind.

Nicht blank und rein und feine Kratzer.
Dem Lauten sprichst du dennoch still.
Selbst Böses ist für dich das Gute,
weil es irrt
weil es
gefunden werden will.

37   Der Baum und das Feld und ohne den Wald

Des Baumes liebe Krähen lästern.
Nur auf ihm. In den Morgen — in das Feld.
Wenn die Nebel gehen,
ist der Baum auf sich gestellt.

Gestern sah er einen Mann im Fern.
An stillen Steinen. Am alten Garten.
Wie einst westwärts den Napoleon,
wo heute die Appartements warten.

Der Baum steht einsam in der Gerste.
Sie wächst. Und er ist alt.
Er wird es niemals mehr erfahren:
Wie ist das eigentlich als Wald?

Und dann
kämmte ich dein Haar mit schüchternen Fingern.
Und Zweifel legten sich zu Boden.
Und dann
fegte sie ein Mond hinweg.

Und dann
war mein Herz ein Wald mit jungen Bäumen.
Und du gabst ihm einen neuen Namen.
Und dann
warst du auch die große Sonne.

Und dann
kroch die Zeit – nur noch bis zur Küche.
Und die Minuten gähnten lange im Bett.
Und dann
blieben die Zeiger stehen.

Und dann
gingst du fort.
Und ich ging weg.
Und dann
lebten wir einzeln.

Und dann
warst du tot.
Und ich war es nicht.
Und dann
war mein Herz ein Wald mit alten Bäumen.

Die Nebel

Die Nebel sind heut alle hier
und hören in das Dorf hinein.
Wie es sinkt in sie. Wie es sinkt.

Der Kirchturm schlägt eine kalte Vier
in die Nacht hinein,
die das Klare ins Unklare bringt.

Und ein Unerkanntes wagt sich nur jetzt hinaus.
Es will bleiben und nicht verschwinden.
Denn es fühlt: In diesen Nebeln werden sich
heute keine Zwei mehr finden.

Ich will so gern als Günther schweben
im Villenviertel dieser Stadt.
Ungekrönte Katzen haben sieben Leben.
Ewig ist, was Kater Günther hat.

Er flaniert, Spazieren ist gesund,
elegant in Schwarz auf Reisen.
Sein weißer Brustfleck ist so rund.
Er frisst ja nicht. Er kommt zum Speisen.

Dann öffnen sich die hohen Türen,
wenn ihn der Maitre de Cuisine erblickt.
Günther lässt sich in die Küche führen
und kokettiert, er sei so ungeschickt.

Später in der Sonne, sie ist rein und still.
In Parks – da sind Magnolien, Linden, Buchen.
Er weiß noch nicht, ob er gestreichelt werden will.
Es ist jedoch erwünscht, es zu versuchen.

Es durfte von uns allen
an den Klippen
niemand fallen.

Einer aber fiel.

Es durfte von uns allen
an den Klippen
niemand fallen.

Ein zweiter fiel.

Es durfte von uns allen
an den Klippen
niemand fallen.

Da fiel auch ich.

Es durfte von uns allen
an den Klippen
niemand fallen,

ohne sich zuvor
den Fallschirm
umzuschnallen.

Zwischen Frauen
bin ich außer Takt gesetzt.

Die eine mag mich noch,
die andere liebt mich bald.

Und die Barfrau, sie ist blond,
im Nacken ein Rosentattoo,
sie studiert wohl am Tage.

Ich blicke zu ihr, erneut,
dann tief in mich selbst,
doch niemand
und nichts
schaut zurück.

Ich bin mir nicht sicher,
ob ein Tag heut beginnt.
Niemand ist grausam,
aber alle sind praktisch.
Ich bin kein Ungeheuer,
ich trage einen Namen.

Die Flüsse, sie fließen
auch ohne mich.
Ich möchte ein Geschenk,
das ich nicht verdiene.
Ich bin mir nicht sicher,
ob ein Tag heut beginnt.